Permakultur
eCourse Guru

Skapa en Permakulturdesign över en plats

A STEP-BY-STEP GUIDE

By Mireille N M A Lewis

WWW.PERMAKULTUReCOURSEGURU.SE

WWW.PERMAKULTURVASTERGARDEN.SE

WWW.MRSLEWISGARDEN.COM

Permakultur eCourse Guru:

Skapa en Permakulturdesign över en plats - A Step-By-Step Guide

 First Edition

© 2020 by Mireille N M A Lewis

Written by Mireille N M A Lewis

Designed by Brittany New

For more information, visit www.permakulturvastergarden.se

Denna bok är avsedd att användas som en step-by-step guide i skapandet av en permakulturdesign på valbar plats.
Boken kan används som stöd och som extramaterial tillsammans med utbildningar från Permakultur eCourse Guru webb - med fokus på permakulturdesign och skogsträdgårdsodling. Boken kan även med fördel användas som arbetsbok på PDC-kurser.
För mer information om denna bok, besök www.permakulturvastergarden.se

Innehåll

Modul 1

INTRODUKTION

Låt oss först se oss över axeln,
för att sedan vända blicken framåt.

HISTORIA

DEFINITION

DU ÄR HÄR AV EN ANLEDNING

DITT LIV IDAG

VAR VILL DU VARA IMORGON

DIN MAGISKA TIDSLINJE

"Livskvalité är att skapa en mening med livet som andra blir en naturlig del av"

Mireille Lewis

Historia

Konceptet Permakultur växte sig starkare och starkare under dialoger mellan läraren Bill Mollison och hans student David Holmgren mellan åren 1974 och 1978 när begreppet "Permakultur" myntades.

Konceptet (Metoden) vilar på tre etiska grundprinciper, 7 verksamhetsområden/ designområden (som hos oss på Västergården utvecklats till 8 och på olika håll varierar mellan 7, 8 eller 9), samt 12 permakulturprinciper / designverktyg som tillsamman skapar en metod där filosofin är att skapa en design som skall vara stark, hållbar och utvecklande/ levande.

Definition

Ordet "Permakultur" är en sammanslagning av orden **PERMA**nent och agri**KULTUR**.

Vilket kan översättas "hållbar odling".

Permakultur är alltid hållbart och så mycket mer än enbart odling. Jag ser det som en livsstil. Där hållbarhet är grunden son genomsyrar livsstilen.

Permakulturdesign är ett designverktyg, en metod för att komma fram till det vi sedan gör.

Genom att använda sig av permakulturens olika designprinciper inom ett valt verksamhetsområde/ designområde skapas en hållbar design.

Denna design, det system vi skapat sköter vi om, samtidigt som vi observerar och utvärderar vår design/ system enligt permakulturprinciperna för att sedan om behov finns revidera och utveckla vår design som vi skapat.

På detta sätt vidareutvecklar och förbättrar vi befintliga system. Det blir en "levande och hållbar" design.

DU ÄR HÄR AV EN ANLEDNING

TA DIN TID, FUNDERA OCH SVARA SEDAN PÅ FÖLJANDE FRÅGOR.

A VILKA ÖVERGRIPANDE FÖRÄNDRINGAR HAR SKETT I SAMHÄLLET?

B HUR BOR DU, VAD ÄTER DU TILL FRUKOST?

C HUR KÄNNS DET, VAD FYLLER DU DINA DAGAR MED?

D VAD PRATAR DU OM MED DE MÄNNISKOR DU MÖTER?

E VAD GÖR DIG LYCKLIG?

 ## DITT LIV IDAG

VAD AV DET JAG GÖR IDAG MÅR JAG BRA AV?	VAD AV DET JAG GÖR IDAG MÅR JAG INTE BRA AV?

DITT LIV IDAG - NU, PLACERA IN DET SOM DU ANTECKNAT ATT DU INTE MÅR SÅ BRA AV, DÄR DU TYCKER ATT DET PASSAR IN;

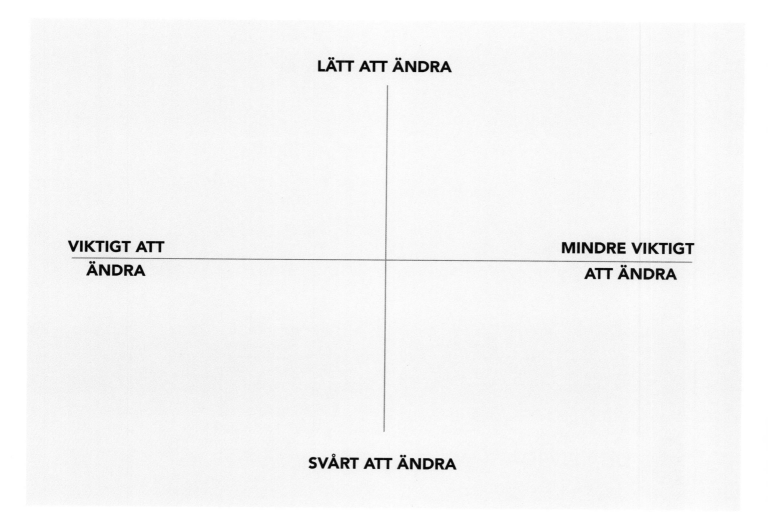

LÄTT ATT ÄNDRA

VIKTIGT ATT ÄNDRA

MINDRE VIKTIGT ATT ÄNDRA

SVÅRT ATT ÄNDRA

VAR VILL DU VARA IMORGON - VAD ÄR DIN DRÖM?

DIN MAGISKA TIDSLINJE

Låt magin börja....

Steg 1

Mål
Ta reda på var du är och vart du vill.

Skapa grunden till magin
- Studera Historia och ta chansen att titta runt på internet och se vad mer du kan hitta.
- Läs om permakultur och definitionen.
- Svara på alla frågor.

DIN MAGISKA TIDSLINJE

Samla livsglitter....

Steg 2

Mål
Att veta grunden till
Permakultur, etiken, principer och
de verksamhetsområden som
designen skapas i.

Lär känna grunden till magin på djupet
- Läs om Permakultur.
- Läs om de etiska grunderna.
- Förstå alla verksamhetsområden / designområden.

DIN MAGISKA TIDSLINJE

Andas livsglädje....

Steg 3

Mål
Att skillnad som skapas skall vara positiv för alla på platsen.

När skillnad skapas
- Permakultur för den enskilda människan, är positiv skillnad lika för dig som för mig?
- Att göra en skillnad och för vem gör vi den?
- Vad är ditt mål med permakultur och skapandet av en skogsträdgård, en ätbar trädgård med mångfald?
- Om din plats delas, är det viktigt med en gemensam linje när värde skapas för att skillnad och förändring skall glittra för alla.

DIN MAGISKA TIDSLINJE

Glittra på platsen där du är....

Steg 4

Mål
Lär känna din egen plats från mönster in i minsta detalj.

Lär känna jorden du går på i din trädgård / på din valda plats
- Vilken Odlings-Zon i Sverige befinner du dig på?
- Hur ser ditt landskap ut?
- Platsen i landskapet i stort samt ur ett ekologiskt perspektiv.
- Den biologiska mångfalden.
- Vilka sektorer behöver du ta hänsyn till och hur?
- Aspekter att fundera över.
- Hur ser vattentillgången ut på platsen?
- Studera mikroklimatet på din plats.
- Din jord, kvalitet, pH, bibehållen fukt i jorden?
- Hur rör du dig över mark och omgivning, hur ofta?

DIN MAGISKA TIDSLINJE

Låt resurserna glittra i kapp med dig....

Steg 5

Mål
Studera ämnet resurser och lär
dig att värdesätta och använda
förnyelsebara resurser och
tjänster.

Fånga och Lagra resurser och energi
- Hur rör sig solen över din plats?
- Organiskt material finns överallt
- Skörda ditt regnvatten
- Att odla din egen jord
- Att hitta resurser du inte trodde fanns

DIN MAGISKA TIDSLINJE

Glöm inte njuta av allt livsglitter du skapar!

Steg 6

Mål
Studera alla dina resurser och lär
dig att värdesätta och använda
förnyelsebara resurser och
tjänster, skapa din plats och
planera för att utveclka den.

Inspiration och verktyg för att stimulera
kreativitet och provocera oss att tänka
annorlunda
- Anpassa designen för en kontinuerlig utveckling
- Studera permakulturens designverktyg och hur de
kan användas i din design.
- Din egen design.
- Hur ser planen ut för framtiden på din plats?
- Hur sätter du upp smarta mål och hur utvecklar du
din plats på bästa sätt?

> " "
>
> Mina drömmar, är mål med en deadline
>
> - Mireille Lewis -

DEN MAGISKA TIDSLINJEN
Checklista

Steg 1

- [ ] Vilka övergripande förändringar har skett i samhället?
- [ ] Hur bor du, vad äter du till frukost?
- [ ] Hur känns det? Vad fyller du dina dagar med?
- [ ] Vad pratar du om med de människor du möter?
- [ ] Vad gör dig lycklig?
- [ ] Placera in det som du inte mår så bra av på rätt plats.
- [ ] Var vill du vara imorgon?

Steg 2

- [ ] Permakultur
- [ ] Permakultur i Sverige
- [ ] Permakultur i Världen
- [ ] Etik
- [ ] Verksamhetsområden / Designområden

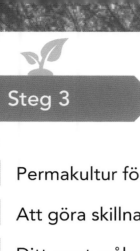

Steg 3

- [ ] Permakultur för den enskilda personen
- [ ] Att göra skillnad
- [ ] Ditt eget mål
- [ ] Om din plats är delad av familj eller andra viljor
- [ ] Skapa en vision i text
- [ ] Intiktningar / Nyckelfunktioner

Steg 4

- [ ] Platsen i landskapet, Platsdata & dess Odlingszon
- [ ] Biologisk Mångfald
- [ ] Topografi
- [ ] Sektorer i Permakultur
- [ ] Vatten
- [ ] Taktila Aspekter
- [ ] Mikroklimat
- [ ] Jord
- [ ] Zoner inom Permakultur

Steg 5

- [ ] Sol
- [ ] Jord
- [ ] Vatten
- [ ] Köksavfall
- [ ] Resurser på platsen och i närliggande omgivning

Steg 6

- [ ] Responsiv Design
- [ ] Designverktyg / Designprinciperna
- [ ] Skapa din egen design
- [ ] Ditt nästa steg - Planering och Implementering
- [ ] Ta hand om och utveckla din design

Modul 2

VAD ÄR PERMAKULTUR

Är det en rörelse, en designmodell, eller är det helt enkelt den raka vägen mot en hållbar samhällsutveckling

PERMAKULTUR

PERMAKULTUR I VÄRLDEN

PERMAKULTUR I SVERIGE

ETIK & VERKSAMHETSOMRÅDEN / DESIGNOMRÅDEN

Permakultur

Kärnan i Permakultur är design. Permakultur är metoden som består av etik, designområden och principer. Designprinciperna är dina verktyg som tillsammans skapar en metodik som bygger på att vi arbetar med naturen för att bygga upp platsens resurser och samtidigt bidra till ökad biologisk mångfald.

Permakultur är kunskapsintensivt och metoden visar hur man kan samverka med de komplexa och dynamiska system som våra ekosystemen utgör.

När kom du i kontakt med permakultur?

Vad betyder Permakultur i ditt liv? Om du inte har hunnit börja ännu, hur tänker du att det kommer att vara till glädje i ditt liv?

Permakultur I Världen

Permakultur som modell används på många platser i världen och inom olika samhällssektorer.

På platser och i jordbruk där maskiner används till största delen är oftast inte permakultur modellen.

Vilka platser har du funnit online eller onsite som är de som du finner mest intressanta?

Permakultur I Sverge

Permakultur kom till Sverige i början av 90-talet. Föreningen Permakultur i Sverige **www.permakultur.se** arbetar för att utveckla permakultur efter våra förhållanden och är en aktiv part i den nordiska och internationella permakulturrörelsen. Sedan 2015 arbetar föreningen även i arbetsgrupper med fokus på olika delar för att skapa samhällsnytta tillsammans med medlemmar.

PermaBlitz'ar är ett bra och fantastiskt trevligt sätt att inhämta kunskap. Många permakultur LAND-center erbjuder dessa. Bland annat Permakultur Västergården.

Vilka är dina Permakulturkontakter i Sverige? Vart inhämtar du din kunskap?

Etik och Verksamhetsområden

Permakultur står stadigt på tre etiska grundprinciper och i de 8 verksamhetsområden / designområden finner vi vart varje design hör hemma, på Västergården har dessa tidigare 7 utvecklats till 8, för att tydliggöra vikten av att värdesätta och arbeta för ökad biologisk mångfald samt att bygga resurserna på den plats du är och verkar.

Etiska grundprinciper; Omsorg om människan, Omsorg om jorden och Rättvis fördelning.

Beskriv kort dina tankar kring balansen mellan de 3 etiska grundprinciperna:

Permakulturens Etik

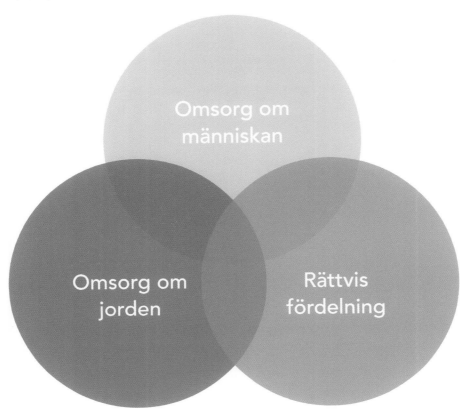

Omsorg om
människan

Omsorg om
jorden

Rättvis
fördelning

Beskriv hur du arbetar jag med dem i din design:

8 Verksamhetsområden / Designområden

Sätt dina egna ord på vad varje designområde kan innehålla från din valda plats och hur du tänker att din design kan utvecklas inom dessa områden.

 BYGGNAD

Byggnadsvård. Naturliga byggmaterial, Bygga för Vattenskörd, Byggnation / Byggnader för olika ändamål, ditt bostadshus etc..

 VERKTYG & TEKNOLOGI

Verktyg i ditt arbete, Tekniska lösningar, teknologi för att skapa nya möjligheter.

HÄLSA &
SJÄLSLIGT
VÄLMÅENDE

Lära sig att inte ta på sig för mycket. Att ta hand om sig själv. Skapa livskvaliét.

UTBILDNING
& KULTUR

Ökad förståelsen för helheten, hur påverkar våra val andra människors vardag. Att lära våra barn och vår omgivning att vårda saker och respektera jorden vi lever på och av.

FINANS & EKONOMI

Ekonomiska system. Hur skapa ekonomi på ett hållbart plan. Lokal ekonomi etc.

ÄGANDE AV LAND & SAMHÄLLE/ SOCIALT

Bidra till en levande bygd, ort, stad, stadsdel – Befästa nya normer för vad vi anser är en smart livsstil där fokus ligger på hållbarhet och klimatsmart vardagsliv.

LAND &
FÖRVALTARSKAP

Att vara mer producent och mindre konsument. Att förvalta och ta hand om jorden och platsen vi lever på och av. Återbruka och ta hand om avfall samt skapa mindre avfall.

NATUR, LAND
/VATTEN, &
MÅNGFALD

Samarbeta med naturen. Bygg upp platsens resurser där du bor och verkar. Se och utveckla dina och platsens kretslopp. Att bygga värde och resiliens för boende på platsen genom samspel med naturens egna kretslopp.

Modul 3

ATT ANDAS PERMAKULTUR

Våga stanna upp, slut dina ögon och njut av just detta ögonblicket, inget annat än just detta. Ta ett djupt andetag och måla en bild i din tanke av hur du vill att framtiden ska se ut. "Livskvalité - Att se positiva möjligheter för din kreativitet i utmaningar och finna lösningar istället för att dräneras på energi."

PERMAKULTUR FÖR DEN ENSKILDA MÄNNISKAN

ATT GÖRA SKILLNAD

DITT EGET MÅL

OM DIN PLATS ÄR DELAD

VISION

INRIKTNINGAR / NYCKELFUNKTIONER

"Kreativitet skapar livslust"

Mireille Lewis

Vad Innebär Permakultur för den Enskilda Människan

I min värld innebär "Permakultur-tänket" i min vardag att jag tar hand om mina resurser på ett nytt sätt, att jag strävar efter att skapa mer nytta, fler resurser och mindre avfall. Jag upplever att ökad kunskap om kretsloppen skapar bättre beslut. Att jag är mer producent än konsument.

Vad skulle förändras i din livsstil med en implementerad permakulturdesign?

På vilket sätt skulle detta påverka dig som människa?

Att Göra Skillnad

Vad kan du göra som individ?

1.
2.
3.
4.
5.

Vad kan vi göra tillsammans?

1.
2.
3.
4.
5.

DITT EGET MÅL - DIN VISION

Nu är det dags att börja skapa förutsättningarna för ett lyckat resultat! Detta gör vi genom att svara på en rad frågor. Syftet med frågorna är att ta reda på behov, önskemål och förutsättningarna hos dig. Det är lätt att komma in på praktiska lösningar, men i det här steget så är det de övergripande behoven / önskemålen som ska stå i centrum. Använd inte ledande frågor utan hellre öppna frågor så som: Varför? Vem? Vad? Hur? och När?

Anteckningar

Aktörer

Vilka bor på platsen / Använder sig av platsen?

Vilka människor ser in på platsen?

Vilka rör sig över platsen?

Finns det något ni aktörer tycker olika om när det gäller platsen?

" Platsen

Hur används platsen idag?

Finns det något speciellt med platsen att ta hänsyn till?

Vad gillar du med platsen? Varför?

Vad fungerar mindre bra med platsen? Varför?

Personlig Relation till Platsen

Vad är din relation / personliga koppling till platsen?

Vad vill du att platsen skall vara för dig, vad skall platsen ge dig?
(Ro, självförsörjning, lek, njutning, lärande, samverkan med ekosystemen)

Platsens Framtid

Har alla som skall samspela på platsen olika entusiasm?

Vad har inspirerat dig att skapa en permakulturdesign just på denna plats?

Hur ser du på platsens framtid? Hur ser andra aktörer på platsens framtid?

Personliga Resurser

Vilka är dina kunskaper och färdigheter som är relevanta för platsens utveckling?

Hur mycket ekonomi finns det för projektet?

Hur mycket tid tänker du att det skall finnas för projektet?

Skötsel i framtiden - Hur mycket tid får det ta att ta hand om platsen per dag / månad / år?

Dina begränsningar – Vad är din utmaning för projektet?

Värderingar

Vad tycker du om att göra?

Vad får dig att vara lycklig och må bra?

Vad är vackert och vad är fult på en plats?

Vad vill du göra mer av och vad vill du göra mindre av?

Vad gör dig irriterad i din vardag?

Välj ut Dina 4 Sammanfattande Ord
Dina Nyckelfunktioner / Värdeord

Vad genomsyrar din intervju av dig själv? När du har skrivit ner alla svar plockar du ut 4 ord ur din intervju av dig själv. Av dessa skapar du sedan en vision av vad du vill att platsen skall bli. Exempelvis på nyckelfunktioner / värdeord kan vara; Ekonomi, Utbildning, Självhushållning Livskvalité.

1.

2.

3.

4.

5.

Om Din Plats är Delad

Om din valda plats är delad, skall alla aktörer som delar trädgården, exempelvis man / fru, projektgrupp, arbetslag, team, pojkvän / flickvän, sambo, barn eller annan person svara på frågorna på sitt håll, samt plocka ur 4 ord som sammanfattar det viktigaste ur intervjun till skapandet av visionen.

Andra exempelvis på nyckelfunktioner/värdeord kan vara;
Njutning, Odling, Energiåterhämtning, Lek.

Samla alla ord från alla aktörer och placera alla ord i 4 olika grupper.
Skriv sedan ner det ord som de olika gruppernas ord landar i.

Exempelvis;

Odlingar, köksträdgård, höns, kryddodling, mat = Kan tillsammans bli "självhushållning".

Nu när du plockat fram dina / era nyckelfunktioner är det dags att skapa platsens vision.

Skapa en Vision i Text

Nu är det dags att skapa platsens vision av orden du fått fram.

Min Vision;

Exempel på vision av nyckelfunktionerna / värdeorden;
Ekonomi, Utbildning, Självhushållning och Livskvalité.

"Vi skapar en vacker inspirerande må bra plats med både privat sfär och utrymme för vänner och besökare. Gården är självbärande genom självhushållning och näringsverksamhet, där våra olika intressen och personligheter har frihet att samexistera och förverkliga sig."

Inriktningar / Nyckelfunktioner

Dina valda inriktningar:

Process för kreativt tänkande!
Brainstorma nyckelfunktionerna / dina värdeord och skapa en PMI-Analys

"PMI" står för "Plus, Minus, intressant". Ett "Brainstormingverktyr", Beslutsfattande och Kritiskt tänkande-verktyg. Konceptet handlar om att diskutera de tre olika aspekterna av idén eller ämnet och inspireras av nya möjligheter.

"Plus" för positiva, "Minus" för negativa, och "Intressant" för de aspekter som varken är positiva eller negativa. Dessa aspekter kan representera nya möjligheter eller motivera till ytterligare diskussion av ämnet.

Inriktning / Nyckelfunktion – Exempelvis " Självförsörjning"		
Plus	**Minus**	**Intressant**
Mark finns, 2,55 ha	Köksträdgård finns ej anlagd	Jord som håller vatten, men är samtidigt tung lerjord
Kompetens finns	Bevattningssystem finns inte	Tak för regnvattenskörd finns tillgängliga
Fri tillgång på gödsel		Solen ligger på från tidig morgon till sen kväll
Växthus finns		

Inriktning / Nyckelfunktion –

Plus	Minus	Intressant

Inriktning / Nyckelfunktion –

Plus	Minus	Intressant

Inriktning / Nyckelfunktion –

Plus	Minus	Intressant

Inriktning / Nyckelfunktion –

Plus	Minus	Intressant

Modul 4

DIN PLATS PÅ KARTAN

Hur ser den valda platsen ut? I detta avsnitt tar vi reda på platsens förutsättningar och djupdyker i alla delar för att analysera platsens förutsättningar.

PLATSDATA

ODLINGSZONER

TOPOGRAFI

SEKTORER I PERMAKULTURDESIGN

TAKTILA ASPEKTER

MIKROKLIMAT

JORD

ZONER INOM PERMAKULTUREN

Platsen

Hur är platsen integrerad i landskapet i stort, ur ett ekologiskt perspektiv?

Platsdata

Svar på frågorna hittar du på webben på SMHI, info om fastigheten hos fastighetsägare etc.

Län _____

Kommun _____

Socken _____

Fastighetsbeteckning _____

Adress _____

Platskoordinater _____

Höjd över havet _____

Servitut _____

Jakträtt _____

Årsnederbörd _____

Nederbörd per månad _____

Andel av nederbörden som faller som snö _____

Nederbörd under vegetationsperioden _____

Årsmedeltemperatur _____

Medeltemperatur per månad _____

Årsavdunstning _____

Potentiell årsavdunstning _____

Vegetationsperiodens längd _____

Antal soltimmar _____

Antal klara dagar _____

Antal mulna dagar _____

Medelmolnighet _____

Sista nattfrost _____

Första nattfrost _____

Temperatursumma _____

Risk för extremväder (storm, torka, översvämning, skogsbrand) _____

Odlingszoner

Som vi vet kan inte alla växter leva i samma odlingszon. Olika växter behöver olika typer av förutsättningar för att överleva och växa. Vilken är din odlingszon (Sverige)?

_____

I   II   III   IV   V   VI   VII   VIII   Fjällregion

Biologisk Mångfald

Analysera den biologiska mångfalden på platsen. Vad kan du hitta? Växter, djur, insekter?

" Platsens Resurser för att Gynna och Öka Biologisk Mångfald

Hur kan platsen bidra till ökad biologisk mångfald?

Vilka resurser finns?

Topografi

Topografi beskriver platsens fysiska form så som vegetation och höjdskillnader. Hur ser det ut på platsen du har valt?

Rita platsen & höjdskillnader

99 *Sektorer i Permakulturdesign*

Något som också påverkar växternas överlevnad och tillväxt på olika platser är sektorerna.

Det finns en hel del olika sektorer att ta hänsyn till. Varje sektor kommer att vara olika på olika platser beroende på varje enskild plats "platsdata" men kan även skilja sig på varje enskild plats till viss del, då handlar det om mikroklimat.

Sektorer inom permakulturdesign är sådant som exempelvis sol, vind, vatten.

Sol/Solväg

Hur solen vandrar över platser förändras ganska mycket under ett år.
Vintersol når till exempel inte alls lika mycket och är uppe lika länge under dygnet som sommarsolen.

Med anledning av detta är det viktigt att tänka på vart du placerar dina växter och hur de placeras i förhållande till varandra.

Tänk också på att höga växter tar sol men samtidigt lämnar mer skugga när solen står lägre på himlen. Höga täta växter kan även skapa extra kalla platser på vintern i kombination med platsens topografi.

Sol / Solväg

Rita platsen och hur solen rör sig över platsen under Vår/Sommar/Höst/Vinter.

Vatten / Regn

Hur ser vattentillgången ut på platsen under de olika årstiderna i mm räknat likväl som upplevelsen. Glöm inte att räkna in om det finns en damm, å, sjö och annat som kan utnyttjas som vattenresurs;

Vår

Sommar

Höst

Vinter

99 Vatten på platsen

Vatten – en tillgång eller brist?

Oavsett vad du vill skapa på platsen är vatten viktigt att utforska. Har platsen en tillgång på vatten eller är det en bristvara?

Jorden på platsen kan skvallra om ifall det det finns bundet vatten i jorden eller inte, där lerjordar är kända för att hålla vatten bra och sandjordar inte håller vatten.

Du kan även göra ett "dräneringstest" på din plats för att se hur bra just din jord håller eller släpper igenom vatten;

Gräv ett par gropar på din plats som är ca 50 cm i diameter och 30 cm djupa.
- Var noga med att de blir i exakt denna storleken!

Fyll groparna med vatten upp till markytan. Ta tid på hur lång tid det tar innan vattnet försvinner. Om vattnet är borta efter 10 - 15 min är jorden troligtvis sandrik och du kommer behöva arbeta med att hålla kvar vatten längre. 15 - 30 min är optimalt.

Om vattnet fortfarande finns kvar 1h eller längre efter att du fyllt gropen med vatten är dräneringen dålig. Detta kan bero på att jorden är kompakterad eller att det är styv lerjord. Här får du istället arbeta med att skapa förutsättningar så att du inte dränker rötter efter några dagars regn när du planterat växter på din plats.

Vatten

Vart finns det vatten på platsen? Hur rör sig vattnet? Om du vill arbeta med vattentillgången kan du mäta konturlinjerna i landskapet på platsen med en egentillverkad "A-frame" för att sedan skapa ytterligare möjligheter att påverka vattentillgången på platsen. Skissa upp platsen och vattentillgångar, rörelse mm.

Du kan läsa mer om A-frames på Permakultur Västergården webb.

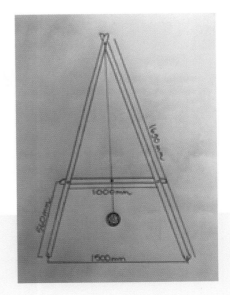

99 *Vind*

Hur ser vinden ut på din plats

Att studera vinden på platsen kan ha många fördelar. Ibland kan det vara fördelar som vi inte tänker på.

Det mest självklara är att det är trevligare att befinna sig på en plats där det inte blåser så mycket.

Men viktigt är också att fundera på hur dina växter mår om det blåser för mycket.

Men vad är bra med vinden?

Vind i goda mängder är inte fel.

Vinden rör runt i luften och blandar luften så att det är lättare för växter att ta upp mer CO_2.

Att "bryta vind"

På platser där det blåser mycket kan du behöva titta lite extra på möjligheter att skapa skydd för växterna mot vinden.

Tänk på att olika typer av vindskydd skapar olika typer av vind-virvlar. Studera vilka typer av skydd som skapar resultatet du vill åstadkomma innan du påbörjar din design.

Vind / Riktningar

Hur är vinden på platsen? Mycket vind / Lite vind? Riktningar?

Snö / Frostfickor

Under vintertid kommer snö i olika mängd på olika platser. Snö kan vara skyddande som ett lager isolering men kyla kan också skapa frostfickor.

Kall luft står väldigt sällan helt stilla, den vandrar likt rinnande vatten ner för kuperad mark och precis som vatten kan den kalla luften fastna i svackor. När den gör så bildas så kallade "frostfickor". Dessa uppstår om den rinnande kalla luften bromsas upp av en vägg, lähäck eller liknande hinder. Bakom dessa strukturer kan det bli betydligt kallare än runtom och växter som befinner sig i en frostficka kan lida stor skada.

Vart på platsen kan det finnas risker att plantera känsliga växter?

Taktila Aspekter

Grannar
Finns det grannar på alla sidor av platsen, vilka är de? Påverkar det på något sätt?

Insyn
Hur ser det ut runt platsen? Har platsen insyn åt alla håll?
Skall det skapas insynsskydd åt något håll?

Ljud
Finns det ljud som exempelvis trafik eller annat ljud åt något håll av platsen som kan störa?

Mikroklimat

Vad är ett mikroklimat?
Ett litet avgränsat område på platsen (ca 1 millimeter till 1 meter) som det råder ett avvikande klimat på mot omgivningen. Ett exempel kan vara en bergsficka, eller marken under ett träd med ett tätt grenverk.

Mikroklimat på platsen...

Vilka olika kan du hitta – Rita upp platsen och markera ut dem samt vilken typ av mikroklimat.

Jord

Jordarter
Med hjälp av "SGU's Kartvisare" kan du finna ut vilka Jordarter som finns på din valda plats.

Du kan även göra ett "Jordprov"

Glasburks - test

Gräv ett hål i din trädgård. Ta en handfull jord från botten av hålet och lägg i en stor glasbur.
Fyll på med vatten. Rör runt ordentligt. Låt stå i minst två timmar. Titta sedan och jämför med dessa beskrivningar:

Sandig jord: Vattnet är ganska klart, de flesta partiklar ligger på botten.

Torvjord: I denna burk flyter en hel del småbitar runt på ytan, vattnet kan vara aningen grumligt och endast ett fåtal partiklar kommer att sedimenteras på botten i burken.

Lerig jord: Ett tunt lager partiklar på botten som kommer ta lång tid på sig att sedimentera. Vattnet är grumligt.

Det finns flera olika andra typer av jord att jämföra med också. Finns en hel del beskrivningar på olika webbplatser online.

Rulla-jorden testet

Ta ett par nypor jord i en kupad hand. Fukta jorden så att jorden blir smidig i sin konsistens. Rulla därefter jorden, till en så smal tråd som möjligt. Om det inte går att rulla ut jorden i din hand till en tråd, så är lerhalten sannolikt under 2%.

Mått på lerhalten i jorden - Trådens tjocklek innan den brister!

Tjocklek på din rullade tråd i handen.	Din jord på platsen, hur upplever du den?	Möjlig jordart	Lerhalt (ca, i %)
Kan inte rullas till en tråd	Partiklar/korn syns och känns	Sand	2%
Kan inte rullas till en tråd	Partiklar/korn men känns inte	Grovmo	2%
4 - 6 mm	Jorden känns sträv men partiklar och korn syns inte	Finmo	2%
3 - 4 mm	Jorden känns sträv men partiklar och korn syns inte	Mjäla	2-5%
1,5 – 2 mm	Jorden är klibbig och glatt. Inga partiklar/korn är framträdande	Lätt- och mellanlera	15-40%
1,5 mm eller smalare	Jorden är klibbig och glatt. Inga partiklar/korn är framträdande	Styv lera	40-60%
Tjockleken kan variera	Innehåller all partikelstorlekar, även grus och sand	Morän	Stor variation

99 Ph

Ph – testa på din jord

För att ta reda på om din jord är basisk (pH-värde över 7) lägger du några matskedar av din jord i en burk, häll i två matskedar vinäger och rör om. Om vätskan i burken börjar bubbla vet du att din jord är mer åt det basiska hållet.

Om jorden har ett pH-värde under 7 klassas den som sur. För att ta reda på om din jord är sur lägger du några matskedar jord i en burk, addera två matskedar bikarbonat och lite vatten – rör om väl. Börjar vätskan i burken bubbla vet du att din jord är mer sur än basisk.

Det enklaste sättet att göra din jord mer basisk, eller neutral, är att tillsätta kalk till jorden. Det är lättare att göra en sur jord basisk än omvänt.

Zoner Inom Permakulturen

När vi talar om platsens zoner och zonkartor över dessa talar vi om rörelsemönster och aktivitet samt olika typer av omgivning. Zon 0, är ditt hem, Zon 1 – 5 platsen i övrigt, här delas platsen in...

Zon 0 –Ditt hem
Zon 1 –Varje dag / Frekventa besök
Zon 2 - Varannan dag till varje dag / Brukad mark ofta besökt
Zon 3 - Varje vecka eller mer sällan / Brukad mark tillfälliga besök
Zon 4 - Varje månad eller mer sällan / Minimalt underhållen
Zon 5 – Nästan aldrig / Orörd mark

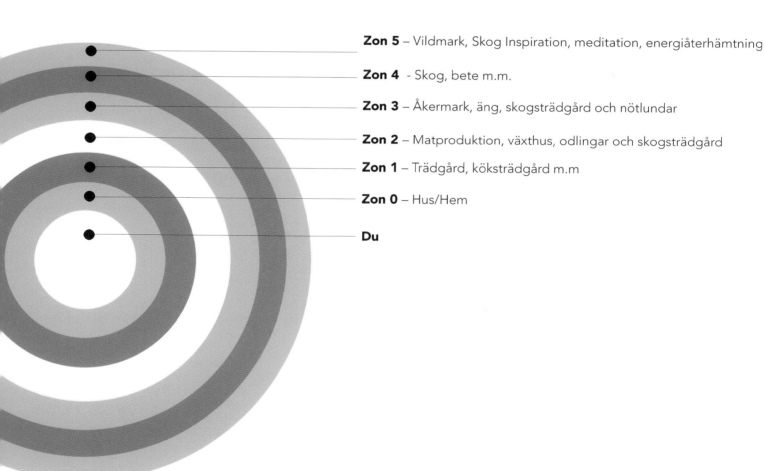

Zon 5 – Vildmark, Skog Inspiration, meditation, energiåterhämtning

Zon 4 - Skog, bete m.m.

Zon 3 – Åkermark, äng, skogsträdgård och nötlundar

Zon 2 – Matproduktion, växthus, odlingar och skogsträdgård

Zon 1 – Trädgård, köksträdgård m.m

Zon 0 – Hus/Hem

Du

Zoner på och runt din plats

Hur ser det ut på din valda plats för din design?
Alla platser har inte alla zoner.

Modul 5

TA HAND OM DINA RESURSER

Resurser finns överallt, vissa gånger finns de där utan att du har sett dem som en resurs…

SOL

JORD

VATTEN

KÖKSAVFALL

RESURSER PÅ PLATSEN OCH I OMGIVNINGEN

Ta Hand Om Dina Resurser

SOL

Hur tar ni hand om solens energi? Har ni tänkt använda bevattningssystem som drivs av solenergi eller har ni solceller på taket? Har ni byggt en solfälla, eller finns det något annat sätt ni utnyttjar solen som en resurs? Förlänga odlingssäsongen med hjälp av solen?

Hur planerar du att ta hand om resurser i din nya design?

Jord

Jord från vår jordfabrik är en fantastisk resurs som skapar liv och ger avkastning i form av näring till allt växande. Hela trädgården är fylld av resurser så som organiskt material av olika slag, löv, ogräs, gräsklipp, stockar och grenar från träd och buskar, m.m. som kan bli jord, det tar bara olika lång tid.

Skapa inget avfall – Skapa mer resurser...
Kör inte organiskt material från trädgården till tippen, bygg platsens värde och skapa nytta av de resurser som platsen ger istället.

- Gräsklipp – täckmaterial
- Löv – kompostmaterial till jordfabriken
- Grenar från den klippta häcken tuggas ner i kompostkvarnen – till gångar i trädgårdslandet
- Stockar - blir botten i hügelkulturen

Hur planerar du att ta hand om resurser i din nya design?

Vatten

Skörda och samla regnvatten. Spara / Förvara - Bygg stationer för att spara vattnet på bra, smarta sätt. IBC-tankar är ett smart sätt att förvara vatten. Man kan även skapa dammar i anslutning till odlingarna. Ett annat smart sätt att spara vatten är att minimera avdunstning av använt vatten genom att exempelvis täckodla samt att förbruka minimalt.

Om du vill räkna ut hur mycket vatten ditt tak genererar per år räknar du såhär:

- Först, ta reda på årsnederbörden i ditt område; Säg att det är; 580 mm

- Ta reda på hur många kvadratmeter ditt tak är; Exempelvis 240 m²

Årsnederbörd * m² = antal liter
580 mm regn * 240 m² = 139 200 liter

Hur planerar du att ta hand om resurser i din nya design?

Köksavfall

Det finns flera olika sätt man kan ta hand om och använda en resurs så som "köksavfall". Här är tre exempel; föda till djur, kompost till jordfabriken, bokashi (näring till odlingarna i form av lakvatten och fast fermenterad kompost).

Hur planerar du att använda ditt köksavfall…

Resurser på Platsen och i Närliggande Omgivning

Fysiska resursflöden
Exempelvis så som ved, gödsel, ägg, plantor, byggmaterial

Till platsen

Från platsen

Icke-fysiska resursflöden
Exempelvis så som tid, energi, lilvskvalité, ekonomi

Till platsen

Från platsen

Resurser som Används på Platsen – Regelbundet

Vatten, gödsel, maskiner, vilja att utvecklas / enegi att skapa, fordon / bilar, etc

Fysiska resurser   Icke fysiska resurser

Kunskaper och färdigheter
Vilka kunskaper har aktörerna på platsen som kan vara en resurs av något slag?

Outnyttjade resurser på platsen

Resurser i omgivningen
Detta kan vara grannar med kunskaper, skola, tåg/färdmedel, badstrand, föreningar, skogar, grannars odlingar så som rapsfält (om du har bin) etc.

Resurser som saknas

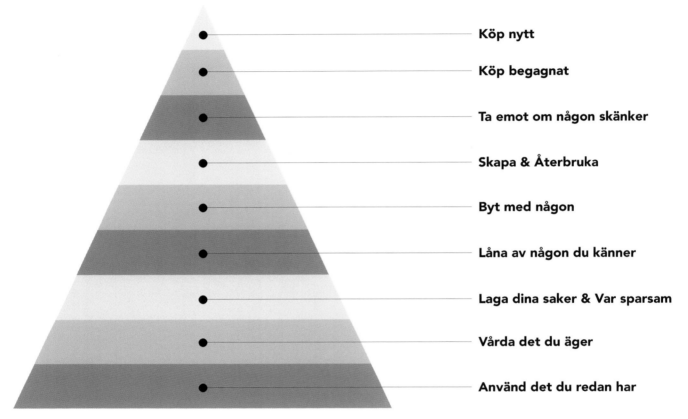

Köp nytt

Köp begagnat

Ta emot om någon skänker

Skapa & Återbruka

Byt med någon

Låna av någon du känner

Laga dina saker & Var sparsam

Vårda det du äger

Använd det du redan har

Waste pyramid by Mireille Lewis

Modul 6

PERMAKULTURDESIGN

I det här kapitlet skapar du en design baserad på kunskap om dig, din vision samt platsens förutsättningar du inhämtat i tidigare kapitel. Nu är det dags att bli kreativ och skapa!

RESPONSIV OCH ANPASSAD FÖR UTVECKLING

DESIGNPRINCIPER INOM PERMAKULTUREN

VAD HÄNDER NU

DITT NÄSTA STEG

Permakulturdesign

Permakultur ett designsystem, ett naturligt och jordnära verktyg att

- Organisera livet i samklang med existerande kretslopp
- Öka avkastning och samtidigt minska insatsen tills det går runt
- Bygga platsens resurser, genom att spara och generera mer energi än platsen förbrukar

Responsiv och Anpassad för Utveckling

Designprocessen

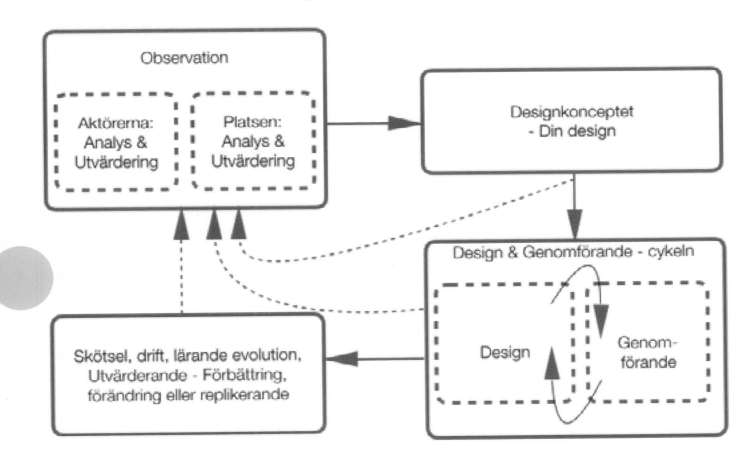

Metodik

8. Reflektera / Revidera

1. Formulera designsyfte och behov

7. Observera / Utvärdera

2. Kartlägg Platsen

6. Underhålla / Perma Lean

3. Analysera Platsen

5. Skapa med smarta mål

4. Designa Platsen

,, Permakulturens Designprinciper

1. Observera & interagera

2. Fånga & lagra energi

3. Skapa nytta & avkastning

4. Tillämpa självreglering & va mottaglig för feedback

5. Använd & värdesätt förnyelsebara resurser & tjänster

6. Skapa inget avfall

7. Designa från mönster till detalj

8. Förena istället för att skilja åt

9. Använd småskaliga & långsamma lösningar

10. Använd & värdesätt mångfald

11. Använd kantzoner & värdesätt periferin

12. Se förändringar som en positiv utmaning för din kreativitet

Designprinciper, Våra Verktyg inom Permakulturen

Här är 12 designprinciper, verktyg att använda när du skapar och utvecklar din permakulturdesign...

1. Observera & interagera. Att planera en design tar tid och det är viktigt att du har studerat alla mönster, sektorer och rörelsemönster innan det är dags att starta ditt arbete. Detta verktyg används även under tiden då du utvärderar dina designsystem / kretslopp.

2. Fånga & lagra energi. Vilken typ av energi har du på din plats som du kan fånga och lagra? Vind, Vatten, Sol, Gödsel?

3. Skapa nytta & avkastning. Skapa system på gården som ökar nyttan och produktiviteten. Se över hur avfall blir till resurser.

4. Tillämpa självreglering & var mottaglig för feedback. När naturen visar dig resultaten av det du skapat, ta en stund astt observera och studera det nya. Fundera på hur du kan revidera din design för att förändra & förbättra systemen. Tänk även på dig själv. Hur mår du, tillämpa även självreglering i ditt liv. Ta det lugnt när du behöver, vila, samla energi, yoga, meditera m.m. Du skall räcka många år.

forts. Desigprinciper

5. Använd & värdesätt förnyelsebara resurser & tjänster
Odla din egen jord, Skörda vatten från taken och ditt land, använd dig av gräsklippet, häckens grenar och skapa resurser av dem.

6. Skapa inget avfall
Hur hanterar du ditt avfall? Är allt avfall och finns det sätt att undvika att skapa avfall? Vilka avfallsfällor finns det och hur kan vi undvika dessa?

7. Designa från mönster till detalj
Börja med ett mönster. Vilka är ni som skall dela platsen? Vilka är nyckelfaktorerna som skall genomsyra designen, vilka koncept skall få plats? Gå sedan in på detaljer. Vart får varje persons vision rymd? Vilka element skapar de olika systemen? Hur skapas de, färg, form modell.

8. Förena istället för att skilja åt
Flerfunktionalitet. Relativ Placering - Placera komponenter så att de stödjer varandra och ger mycket nytta för lite arbete. Samplantering, samplanering. Struktur och Lean.

9. Använd småskaliga & långsamma lösningar
Börja inte för stort, [planera med SMART'a mål]. Tänk på hur mycket tid du har att lägga ner på ditt system / din permakulturdesign och börja litet. Utveckla därefter det som du vill utveckla så att du hela tiden hinner med i din egen takt.

10. Använd & värdesätt mångfald
Hur kan vi skapa trädgårdar där vi ökar biologisk mångfald i de naturliga kretsloppen. Tänk alla vetetationsskikt - Alla nivåer från höga träd till marktäckare, hur kan de stödja och hjälpa varandra i en skogsträdgård. Det finns 7 till 9 beroende på hur man räknar.

11. Använd kantzoner & värdesätt periferin
Hur ser kantzonerna ut i din trädgård, vilken biologisk mångfald finns i kantzonerna som vi kan arbeta med. Vilka kantzoner har du i din närhet som du kan arbeta med? Kantzon mot skog, å / vattendrag, äng, väg, damm, sjö etc.

12. Se förändringar som en positiv utmaning för din kreativitet
Alla system du skapar kommer naturen att ge någon typ av respons på. Ett resultat av dina handlingar, din skapade design/dina system. Exempelvis; Innan du skaffar höns finns inte skymten av rovfåglar...Innan du odlar grönsaker, bär eller fruktträd kanske du inte sett jordloppor, kålfjärilar, eller harar och rådjur passera över din tomt. Här gäller det att se dessa förändringar positivt och istället för att se förändringar som ett nederlag att se det som en möjlighet att få reflektera över, för att sedan utvärdera innan det är dags att revidera och fundera på förändringar och förbättringar av dina system.

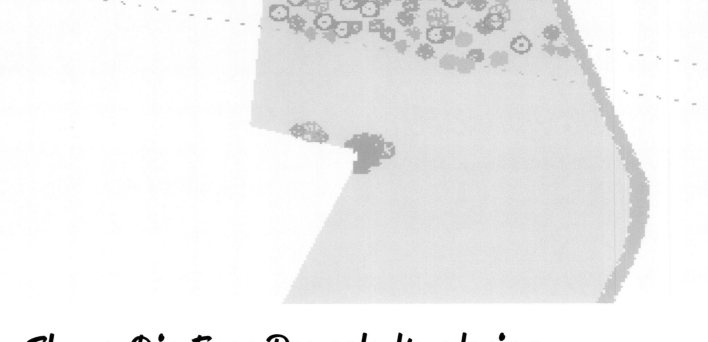

Skapa Din Egen Permakulturdesign

Nu är det dags att knyta ihop säcken och skapa din alldeles egna permakulturdesign över din plats. Innan du skapar din design måste du se till att ha din baskarta klar och alla kartlager så att du vet vart du har alla sektorer du behöver ta hänsyn till i din design av platsen.

Baskarta

Rita din baskarta (exempel på s.93). En baskarta består av konturerna av platsen, vägar, byggnader, dammar, vattendrag, stora träd, häckar etc. som ska stå kvar.

" Din Design

Nu är det dags att designa din plats. Utforma designkonceptet från mönster in i detalj. Rita en baskarta på det stora vita pappret, Smörpappret används när du skall rita alla nya kartlager så som vind, jord, solens väg, "test-placering" av olika element etc.

Detta är det jag har med mig på en plats jag studerar min plats och alla olika delar.
/ M Lewis

CHECKLISTA

☐ Skrivplatta i trä, A3 (30 cm x 47 cm)

☐ En rulle smörpapper från matbutiken

☐ Pennor i olika färger

☐ Block för anteckningar

☐ Vitt A3 papper för Baskartan

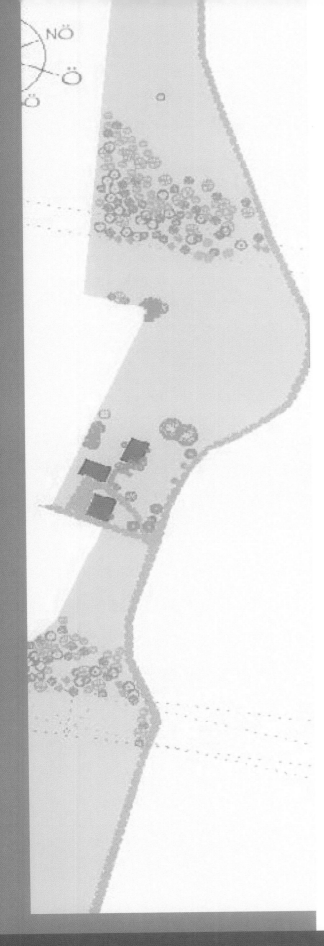

Kartlager

Baskartan är grunden. Det är ovanpå den här kartan du skapar alla dina kartlager.

Kartlager som skall skapas är;

Topografikarta

Makro / microklimatskarta

Snö / Frostfickor

Jordkarta / Jordprover

Solkartor

Vindkarta

Vattenkarta

Biologisk mångfald

Zonkartor (Vår, Sommar, Höst Vinter)

Att skapa med hjälp av Permakultur

När du nu kommit så långt att det är dags för att tänka kring din design, så finns det många saker att tänka på. Alla olika permakulturdesigner som skapas kommer se olika ut beroende på vilka aktörer som verkar på och runt platsen samt platsens förutsättningar och läge, både placeringen i landskapet (ute på landet i, eller nära stad) och självklart geografisk placering (söder till norr).

Går du en PDC utbildning eller en annan permakulturutbildning och får fler tips i kursen på bra saker att komma ihåg inför designarbetet är det bara att fylla på listan nedan.

Här kommer lite tips från mig när du skall placera in dina system och lösningar på vision & konceptkartor;

- Designa integrerade system, slutna kretslopp

- Gör era system resilienta / anpassningsbara

- Tänk flerfunktionellt när ni designar system

- Studera tillgångar och hur ni kan lagra dem

- Placering av lagrade tillgångar - så att de behåller värdet samt inte orsaker ytterligare arbetsbörda utan snarare blir enklare

- Tänk närhet melllan olika funktioner

- Om ni placerar bikupor i er design - Observera vart snön smälter först, där skall de stå.

-

-

-

Vision och Koncept-kartor

När baskartan är klar är det dags att leka med dina visioner och att skapa en karta där du placerar ut dina koncept över platsen. Här nedan ser du en idé om hur dessa är utritade på baskartan. Du kan även läsa mer om visioner och koncept på www.mrslewisgarden.se

Visionskarta - Anteckningar

Konceptkarta - Anteckningar

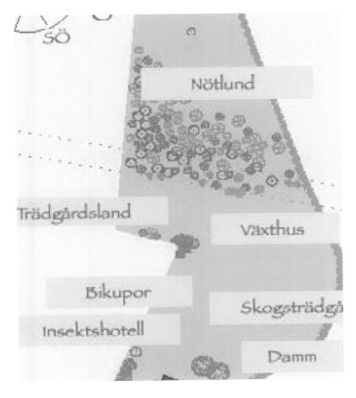

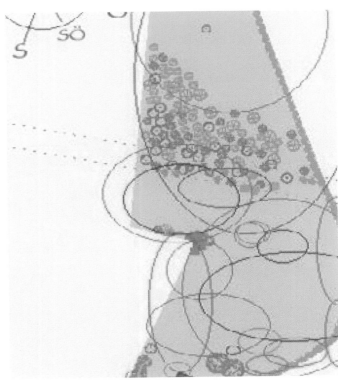

Visionskarta

Arbeta fram visionskartan genom att studera möjligheter som platsen erbjuder. Skriv ner lösningar / system på små lappar och flytta dem runt på kartan över platsen. Om ni är flera aktörer, låt var och en anteckna 2 system och motivera för varandra varför ni önskar addera dem till platsens design.

Konceptkarta

Brainstorma kring möjligheter och olika designelement samt deras placering. Starta områdesvis utifrån ett större perspektiv och fortsätt ner till detaljerna.

Ta fasta på nyckelfunktioner och flöden som skall göra designen bärande. Om nyckelfunktionerna exempelvis är "Ekonomi, Utbildning, Självhushållning och Livskvalité" gäller det att finna koncept som stärker designen både energimässigt och ekonomiskt.

Brainstorma kring Element som Utvecklar Nyckelfunktionerna

Exempel;
Nykelfunktion; Självförsörjande – Element; bikupor, köksträdgård, örtspiral, Fruktträd, bärbuskar, nötlund, hönshus… etc.
Nyckelfunktion; Livskvalité – Element; yogaplats, utekök, pergola, grillplats, plats för trädgårdsmöbler, plats för ro…

Designelement

Lista…

1
2
3
4
5
6
7
8
9
10
11
12
13
14
15
16
17
18
19
20
21
22
23
24
25
26
27
28

Designkarta med Element

Fysisk designkarta med designelement - Rita och placera ut dina element på kartan.

Skriftlig Förklaring av Designelement samt Val av Placering

1.

2.

3.

4.

5.

6.

7.

8.

9.

10.

11.

12.

13.

14.

15.

16.

17.

18.

19.

20.

21.

22.

23.

24.

25.

26.

27.

28.

Permakulturen's Etik och Principer i Din Design

Hur tänker du kring etiska grundprinciperna i din design:

Omsorg om jorden

Omsorg om människorna

Rättvis fördelning

Anteckningar

Permakulturens Designprinciper och Din Designstrategi

Hur använder du dig av designprinciperna i din design. Förklara:

1. Observera & interagera

2. Fånga & lagra energi

3. Skapa nytta & avkastning

4. Tillämpa självreglering & var mottaglig för feedback

5. Använd & värdesätt förnyelsebara resurser & tjänster

6. Skapa inget avfall

7. Designa från mönster till detalj

8. Förena istället för att skilja åt

9. Använd småskaliga & långsamma lösningar

10. Använd & värdesätt mångfald

11. Använd kantzoner & värdesätt periferin

12. Se förändringar som en positiv utmaning för din kreativitet

Flöden i Designkonceptet och Hur de Påverkar Varandra...

När en design skapas…

- Tänk flerfunktionalitet – Alltid !!!
- Maximera möjligheter i flera dimensioner (t.ex. höns = kött, ägg, avelsägg, försäljning kycklingar; får = avbetad skog och äng, mjölk till ost etc., kött, försäljning av lamm).
- Bygga system på platsen som fungerar i praktiken – ökad avkastning / minskad insats.
- Gör endast förändringar som skapar ökad nytta.

Design, Genomförande, Skötsel, Drift och Vidareutveckling

Sätt upp (smarta) mål utifrån din design. Skapa en genomförandeplan som fungerar tillsammans med ditt liv. - Hur mycket tid planerar du att lägga på ditt projekt? Börja sedan förverkliga och genomföra samt vidareutveckla din design...

Sätt dina mål:

(**S**)   - Specifikt
(**M**)   - Mätbart
(**A**)   - Accepterat
(**R**)   - Realistiskt
(**T**)   - Tidsbundet

S - Bestäm ett speciellt element eller en specifik design. Var tydlig.
M - Gör det mätbart.
A - Är designen accepterad av alla som har något att säga tilll om på platsen?
R - Är din design görbar? Är projektet realistiskt?
T - Gör designen tidsbunden.

Exempel:

Designprojekt - Biodling på Västergården 2020, som en del av vår självförsörjning-

S - Skapa 4 bikupor med egenbygda tak.
M - Börja med 2 bisamhällen.
A - Alla aktörer på platsen är överens om planen.
R - Det är fullt möjligt och realistiskt
T - Gå biodlingskurs våren 2019, inhandla material och bygga tak hösten/vintern 19/20, Inhandla och installera bisamhällen våren 2020.

Ditt nästa steg –
Planering / Implementering

FAS 1 – Första sex månaderna

DESIGNFÖRSLAG	UPPSKATTAD TID FÖR IMPLEMENTERING (ETABLERINGSFAS)

FAS 2 – Sex månader till två år

DESIGNFÖRSLAG	UPPSKATTAD TID FÖR IMPLEMENTERING (ETABLERINGSFAS)

FAS 3 – År två till fem

DESIGNFÖRSLAG	UPPSKATTAD TID FÖR IMPLEMENTERING (ETABLERINGSFAS)

Maximera Nytta, Avkastning, Värde och Effektivitet samt Minimera Slöseri av Resurser!

2018 hörde jag uttrycket "PermaLean" vilket fastnade hos mig. Jag har tidigare arbetat med Lean i många andra sammanhang och självklart har det en plats inom permakulturen också!

Mitt PermaLean - 5 Underhållsknep

1. Sortera & Rensa ut - Gå igenom material och behåll bara de nödvändiga artiklarna som behövs för att slutföra uppgifterna och projekt.

2. Organisera / Ordna - Se till att alla objekt är organiserade och att varje objekt har en bestämd plats. Organisera alla saker som finns kvar på arbetsplatsen på ett logiskt sätt så att de underlättar processer.

3. Städa och Underhåll - Se till så att det är rent och städat och underhåll rutinmässigt dina verktyg, maskiner och redskap så att de alltid är klara att användas i ett gott och bra skick.

4. Dokumentera och Standardisera - Det är bra att skapa rutiner kring exempelvis "Utrensning, Organisering och Städning/Underhåll" så att detta sker med jämna mellanrum. Det kan innebära att skapa scheman och listor för olika saker ex. odling, städning m.m.

5. Skapa Kontinuitet - Observera systemen och din design - Utvärdera - Skapa förbättring, förändring eller replikerande.

Uppfylls Behoven av Systemen i Din Design?

Dina system, hur fungerar Input & Output? Uppfylls behoven? Exempelvis: **Hönsgård**, Input matrester, foder, vatten etc. Output ägg, kött, fjädrar, gödsel, skadedjursbekämpning, sällskap, intäkter.

System: **Behov:**

Input: Output:

System: **Behov:**

Input: Output:

System: **Behov:**

Input: Output:

Design att optimera

Design att optimera

Designn att optimera

Design att optimera

Design att optimera

Design att optimera

Design att optimera

Design att optimera

Kretslopp

Hur skulle ditt boende kunna utvecklas för att skapa bättre och fler smarta kretslopp?

INSPIRATION

Att skapa en design över en plats, även efter att vision är skapad och element är framtagna är svårt. En skogsträdgård eller en köksträdgård prunkande fylld av perenna grönsaker kan se så olika ut. Det finns så otroligt många varianter. Vilken blir din stil? Att besöka andras trädgårdar, byggnader, eko-byar byggda och analyserade med hjälp av permakulturens verktyg/ designprinciperna, är en fantastisk möjlighet!

| 116

Min Plats – Permakultur Västergården

Att skapa en permakulturdesign på platsen och ta hand om byggnader och mark enligt permakulturprinciperna har varit en fantastisk känsla och stärkt familjen.

På gården har en skogsträdgård börjat ta form. Skogsträdgårdsodling är en odlingsteknik inom permakulturen.

Jag skulle beskriva tankarna om min skogsträdgård som en plats där samplanering av träd i olika höjder och former och växtskickt likt skogens naturliga stuktur samspelar i ett naturligt ekosystem.

Träd, buskar och perenna växter så som rotväxter, klängväxter, örter och medicinalväxter samt marktäckare skall få skapa en lummig livsmedelsproducerande, "ätbar" trädgård där de olika växterna samarbetar i en naturlig balans.

En skogsträdgård med dess variation ökar förutsättningar för en välmående och ökande biologisk mångfald och bidrar till att skapa en naturlig skadedjursbalans. En bra planering av din skogsträdgård sparar både tid och pengar för dig som trädgårdsägare. Vårt mål på Västergården är att skapa en optimal skogsträdgård för maximal avkastning med minimal insats.

Vår magiska plats

En Gård på Landet

Vi bestämde oss för att köpa ett hus med tomt, aå att vi kunde odla och bygga upp resurserna på en plats som var vår. 2016 skrev vi på vårt kontrakt och flyttade in på gården.

Jag hade utbildat mig inom permakultur kontinuerligt på min fritid under många år innan flytten, men ville även ha min PDC, med målet att en dag bli diplomerad. Nu i efterhand är jag mycket glad att jag läste så mycket kurser och information innan PDC-kursen då det gav mig möjlighet att få ut betydligt mycket mer av kursen då jag väl gick den.

Idag arbetar jag mot att bli diplomerad och står som diplomand hos Nordiska Institutet för Permakultur, där Västergården är min projektplats.

Drömmar & Verklighet

Under flera år läste jag om permakultur, i Sverige och i Världen.

Jag blev mer och mer intresserad av hur fantastiskt hållbar modellen var och bestämde mig för att leva ett mer hållbart liv i stan.

Efter ett antal år efter växelboende UK/Sverige växte vi även ur 4:an i Stockholm och den stora balkongen räckte inte längre till...

Vår Vision blir Verklighet

2017 renoverades huvudbyggnaden invändigt. Gamla vackra golv och tak togs fram och kakelugnen renoverades så som sig bör i ett vackert 1800-tals gård. Allt i samklang med naturliga material och byggnadsvård. Under 2017 observerade vi alla sektorers (Sol, Vind, Vatten mm) samspel över platsen samt mikroklimatet under årets månader och årstider. En örtspiral byggdes av material från den gamla jordkällaren samt planterade alla träd och buskar vi fick i bröllopspresent detta år.

2018 gjorde jag och min man en gedigen analys av våra drömmar och hur vi tillsammans ville att gården skulle utvecklas. Detta innebar det ni gör i "Steg 3". Vi skapade en gemensam vision, vi tog fram våra nyckelfunktioner - ord som visar riktning av arbetet framåt. När detta var gjort analyserades platsens förutsättningar samt observerade platsen igen.

Platsens förutsättningar bygger på en hel del olika faktorer som inte är förändringsbara men även sådant som förändras och mina erfarenheter här på Västergården är att det är bra att ha observerat alla sektorer under alla årets årstider och gärna under flera år om möjligt.

Under detta år fick jag höns i födelsedagspresent och vi byggde hönshus, en vacker voljär och en stor hage / utegård åt dem. I utegården finns två stora bollpilar, olika sorters fruktträd och bärbuskar samt andra växter för nytta och nöje.

Skapa system, kretslopp, plantera ätbart och vackert

2018 / 2019 kom vår första upplaga av en permakulturdesign på plats. Vi började då plantera träd och buskar på gården enligt den permakulturdesign som skapats. Ytterligare system skapades även för självhushållning. Jag la även om mitt jobb så att jag skulle få mer tid över till permakultur och att kunna arbeta mer hemifrån än tidigare.

En lista skrevs på önskvärda växter och 2019 planterades ytterligare ett antal träd och buskar i olika storlekar på gården. Ännu fler sorter har tillkommit under 2020.

Kurser i permakultur, hållbar odling / växelbruk, ympning mm har vi haft både på gården och i omgivande orter i linje med den permakulturdesign vi skapade.

Det senaste tillskottet i designen är en biodling som skall få växa sig stark här på Västergården samt en pergola där skogsträdgården möter köksträdgårdsodlingarna för samvaro med familj, vänner och kursdeltagare.

Nästa steg i vårt arbete är att arbeta med fler nivåer, kluster av växter och låta de olika skikten generera ytterligare möjligheter och värde för varandra, samtidigt som vi fortsätter att utveckla de system som finns på gården.

Utveckla & ta hand om sin design

Ett enklare sätt att lyckas utveckla sin design aningen billigare är att arbeta med fler projekt samtidigt. På så sätt kan man frigöra resurser från en plats för att använda på en annan. De system, kretslopp och "rum" jag har i skogsträdgården låter jag långsamt växa sig starkare medan jag observerar dem och förbättrar eller förändrar systemen. Visst händer det att jag flyttar på växter men avväger noga innan jag planterar redan från början.

Vi tillbringar en hel del tid med att observera och utvärderar gör vi även dagligen i arbetet på gården. Jag antecknar väldigt mycket så att jag har koll på förändrigar mellan åren då man inte kommer ihåg alla delar av allt. Har även skissat om olika platser på gården och förändrar och förbättrar designen allt eftersom tiden går.

Det är också viktigt att hinna med, att inte stressa. Ibland kommer det saker emellan som är minst lika viktiga. 2020 blev det takrenovering, självklart med byggnadsvård som prio och 2021 blir det bioreningsverk och husrenovering som skall prioriteras in i tidsschemat för utvecklingen av platsen.

3 konkreta råd till dig som skall börja

- Studera / Observera platsen noga innan du sätter igång.

- Rita alla kartor och anteckna platsdata så att du har full koll på sektorer, möjligheter och utmaningar innan du börjar rita din permakulturdesign och planera in växter, kretslopp och system.

- Var inte rädd för att sätta spaden i jorden, men känns det ändå lite osäkert besök oss på facebook och få råd och tips på vägen!

Anteckningar från den dagen vi pratar i telefon med varandra om permakultur och möjligheter...

Idéer från Permakultur i Praktiken på Västergården !

Inspiration – Food Forest Gardens / Skogsträdgårdar i Sverige

För er som arbetar med permakultur i er trädgård finns det en hel del inspiration att hämta på många platser i vårt avlånga land. En typ av trädgårdar som man kan snegla lite extra på är skogsträdgårdar tycker jag. De arbetar med naturens egna kretslopp och alla olika skikt från höga träd till markkrypande växter. - Sök efter dem på Google. Hos föreningen Permakultur i Sverige kan du hitta några så som Permakultur Västergården, Puttmyra Skogsträdgård med flera.
Skriv en lista på de som du vill besöka!

Namn	Adress	Kontakt / Telefon
Permakultur Västergården	Västra Granhed Västergården 1 641 97 Katrineholm	Mireille Lewis / 0703 500 509

Författaren

Mireille Lewis är certifierad marknadschef och webbdesigner, utbildad möbelrenoverare och certifierad permakulturdesigner med en PDC. Hon är mamma och mormor och bor i Södermanland på en gård tillsammans med sin man där hon driver Permakultur Västergården, en skogsträdgård belägen mellan Katrineholm och Flen i byn Granhed en av Sveriges tidigast dokumenterade byar.

Gården började utvecklas i samkland med naturen 2017 och har en permakulturdesign sedan 2018. På Västergårdens webbsidor dokumenterar Mireille utvecklingen av gårdens permakulturdesign som sträcker sig över 2,55 hektar land och omfattar flera nyckelfunktioner.

Som certifierad permakulturdesigner håller Mireille kurser inom permakultur och hållbar odling Online. Hon håller även i flertalet praktiska kurser på gården, guidade turer, workshops samt anordnar spännande dagar med olika teman på Västergården samt anlitas som talare / föredragshållare på event, mässor samt hos föreningar & företag.

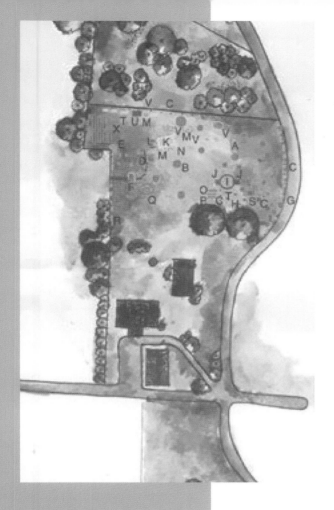

Tack!

Det är en fantastsk massa människor som är anledningen till att just du håller i denna bok idag och jag vill rikta ett särskilt tack till **Philippe Weiss** som hjälpt mig med innehåll så att inget viktigt skall saknas och är den som inspirerat mig till mitt arbete inom permakulturdesign, mycket av gårdens arbete i skogsträdgården och att skapa boken. Tack!

Särskilt tack också till **Martin Gustafsson** som korrekturläst och hjälpt med förtydliganden m.m..

Tack till **Henrik Haller, Helena von Bothmer, Andreas Jonsson** och **Maria Svennbeck** som inspirerat genom dialoger, era fantastiskt energigivande personligheter och all kunskap inom permakulturdesign som ni delar med er av.

Ett stort tack till **Sofia Carlsson, Anna McAbris, Hanna Helin, Henning Åström**, för all inspiration ni sprider i vardagen, som ger mig energi att skapa.

Stort tack till min älskade mamma **Inger Lundqvist Jansson**, syster **Nicolle Lundqvist**, fina **Eleanor Heinonen** & **Eva Rappe** för timmar av korrekturläsning. Utan er hade jag aldrig kunnat hålla deadline.

Stort tack till min fantastiska familj för att ni finns och för all livsenergi ni ger mig **Isaura, Martin** och älskade **barnbarn**. Ni är de som gör att mitt hjärta brinner för att skapa, sprida kunskap och bygga Västergårdens resurser. Tack till pappa **Lars-Åke Jansson** för all kunskap och positiv energi när det gått trögt och till alla mina fina syskon, **Evelina, Emanuel** och **Adeline** för glada tillrop och hejjarramsor. Tack till min man **Simon Lewis** som delar mina drömmar och som stått ut med alla osociala timmar av arbetande i skogsträdgården och skrivande framför datorn.

Mireille Lewis